Lle
i enaid
gael
llonydd

Argraffiad cyntaf: Mawrth 2003

Ⓗ testun: y gweisg gwreiddiol
Ⓗ y casgliad: Gwasg Carreg Gwalch

Rhif Llyfr Safonol Rhyngwladol:
0-86381-822-6

Cynllun clawr a dylunio tu mewn:
Olwen Fowler a Brett Breckon

Dymuna'r cyhoeddwyr gydnabod yn ddiolchgar
gydweithrediad gweisg a deiliaid yr hawlfreintiau
wrth gytuno i gynnwys y dyfyniadau hyn yn y gyfrol.
Gwnaed pob ymdrech i olrhain ffynhonnell pob
dyfyniad; lle methwyd â chanfod perchennog yr
hawlfraint, ymddiheuir ymlaen llaw os yw
hynny'n peri unrhyw dramgwydd.

Cyhoeddir o dan gynllun comisiwn Cyngor Llyfrau Cymru.

Argraffwyd a chyhoeddwyd
gan Wasg Carreg Gwalch,
12 Iard yr Orsaf, Llanrwst,
Dyffryn Conwy LL26 0EH.
Ffôn: 01492 642031
Ffacs: 01492 641502
e-bost: llyfrau@carreg-gwalch.co.uk
lle ar y we: www.carreg-gwalch.co.uk

Lle i enaid gael llonydd

*dyfyniadau wedi'u dethol
gan* **Tegwyn Jones**

Llŷn

Heulwen ar hyd y glennydd – a haul hwyr
   A'i liw ar y mynydd;
  Felly Llŷn ar derfyn dydd,
  Lle i enaid gael llonydd.

J. *Glyn Davies*

~

Yn Llanfihangel Bachellaeth
Mae'r lle tawela 'ngwlad Llŷn ,
Yn Llanfihangel Bachellaeth,
Pe caet dy ddymuniad dy hun,
Heb ffwdan na hir baderau
Fe roddem dy gorff i lawr
Lle ni ddaw ond cân ehedydd
I dorri'r distawrwydd mawr.

Cynan

~

Dim ond lleuad borffor
Ar fin y mynydd llwm,
A sŵn hen afon Prysor
Yn canu yn y cwm.

Hedd Wyn

~

Nôl blino treiglo pob tref
Teg edrych tuag adref.

~

Yr oedd un llwybr lle yr arferwn fynd allan o'm ffordd weithiau i brofi hyfrydwch o'i gerdded. Tir digynnyrch ydoedd, a rhedyn a grug ac eithin mân yn ei lenwi; ond yr oedd yno berth gysgodol o goed. Gorweddwn yn y rhedyn ac edrych i fyny ar y cymylau, a gweld ynddynt luniau o bopeth. Cerbydau, rhyfeloedd, tai, cestyll, defaid, afonydd a mynyddoedd, y cwbl yn y cymylau. Nid rhyfedd i feirdd yr hen fyd leoli brwydrau'r duwiau yn yr wybren. Rhoddwn ddyrnaid o flodau'r grug yn fy ngenau a'u cnoi. Onid oeddynt yn felys, ac oni chasglai'r gwenyn eu mêl ohonynt? Nid oedd ar y llecyn hwnnw flodau na llawer o borfa; natur heb ei dofi, ac adar yn canu a chwarae yng nghoed y berth.

T E. Nicholas

~

Mae'n bwrw yng Nghwm Berwyn, a'r cysgod
                                        yn estyn,
Gwna heno fy mwthyn yn derfyn dy daith,
Cei fara a chawl erfin iachusol, a chosyn,
A menyn o'r enwyn ar unwaith.

Edward Richard, Ystrad Meurig

~

Aberdaron

Pan fwyf yn hen a pharchus,
Ag arian yn fy nghod,
A phob beirniadaeth drosodd
A phawb yn canu 'nghlod,
Mi brynaf fwthyn unig
Heb ddim o flaen ei ddôr
Ond creigiau Aberdaron
A thonnau gwyllt y môr.

Cynan

~

8

Cyn yr ymddatod, O na chawn i roi
Fy mhen ar arffed blodau mân y maes –
Briallu, llygad y dydd, glesyn y coed –
A dyfod geneth fach wrth chwarae a dweud,
'Mae yma rywun wedi blino'n fawr,
Rhaid peidio â'i deffro.' Yna cysgu, cysgu.
Cysgu nes bwrw blinder oes, a deffro
A'm pen ar arffed Mair ar ddôl y nef.

Thomas Parry (o Llywelyn Fawr)

~

Llyn Eiddwen

Lliwiau'r hwyr, hanner lloer wen – awel lesg,
    Hwyl ŵyn, si gwenynen –
    A myfi heb gwmni Gwen
    Uwch llonyddwch Llyn Eiddwen.

E. Prosser Rhys

~

Trwy Felin y Cwm ar noswyl haf
Daw ambell wreigan gloff, â'i basged wellt
Yn drwm dan aberth ffair, gan faglu'n ôl
O dow i dow o'r dref i droed yr allt.

Tros gamfa simsan cyfyd cysgod clos
Cariadon sionc yn ffoi o ŵydd
Y llygaid-cario-cleps i'r coed.

Bydd Bob mewn nefoedd undyn ger y giât
Yn hel y pwyaid oddi ar ei war,
A gwylio'r plant yn lolian ar y lôn.

Ac nid oes dim o helynt byd ar goll
Tra bo rhyw Fetsan ger y tanllwyth mawn
Yn sgubo'r oriau efo'i thafod coch.

Dychmygais innau wedyn yn y tes
Fod Duw yn hongian ar y distiau llwch,
A'i enau'n toddi'n greithiau wrth ei fodd
Ym Melin y Cwm ar noswyl haf.

T. *Glynne Davies* (*o Adfeilion*)

~

Ar ben y lôn mae'r Garreg Wen
Yr un mor wen o hyd,
A phedair ffordd yn mynd o'r fan
I bedwar ban y byd . . .

Ar ben y lôn ar hwyr o haf
Mi gofiaf gwmni gynt,
Pob llanc yn llawn o ddifyr ddawn
Ac ysgawn fel y gwynt . . .

Mi brofais fyd, ei wên a'i wg,
O olwg mwg y mawn,
Gwelais y ddrycin yn rhyddhau
Ei llengau pygddu llawn.

Ar ben y lôn mae'r Garreg Wen
Yr un mor wen o hyd,
A dof yn ôl i'r dawel fan
O bedwar ban y byd.

Sarnicol

Mi af oddi yma i'r Hafod Lom
Er bod yn drom o siwrne,
Mi gaf yno ganu cainc
Ac eiste ar fainc y simne,
Ac ond odid dyna'r fan
Y byddaf dan y bore.

～

Diolch yn fawr am dŷ a thân
A gwely glân i gysgu
Yn lle bod ar y mynydd draw
Yn y gwynt a'r glaw yn sythu.

～

Henffych well, Fôn dirion dir,
Hyfrydwch pob rhyw frodir.
Goludog, ac ail-Eden,
Dy sut, neu baradwys hen;
Gwiwddestl y'th gynysgaeddwyd,
Hoffter Duw Nêr a dyn wyd.
Mirain wyd ym mysg moroedd
A'r dŵr yn gan tŵr it' oedd;
Eistedd ar orsedd eursail
Yr wyd, ac ni welir ail;
Ac euraid wyt bob goror,
Arglwyddes a meistres môr . . .
Poed it' hedd pan orweddwyf
Ym mron llawr estron, lle'r wyf;
Gwae fi na chawn enwi nod,
Ardd wen, i orwedd ynod.

Goronwy Owen

Draw dros y don mae bro dirion nad ery
Cwyn yn ei thir, ac yno ni thery
Na haint na henaint fyth mo'r rhai hynny
A ddêl i'w phur, rydd awel, a phery
Pob calon yn hon yn heini a llon,
Ynys Afallon ei hun sy felly.

T. *Gwynn* Jones

Daeth yr hydref i Arfon gyda byddin o liwiau. Y coedlannau wedi'u trochi ym mhob coch a brown a melyn dichonadwy. Y gerddi'n loddest o las a phinc a phorffor. Ac yn y perllannau, bwndeli o eirin a gerllyg yn gwyro'r cangau dros y welydd a smotiau cochion o afalau'n sbecian drwy'r dail. Draw, dros y coedydd melyn a'r caeau, sleifiai cysgodion gleision hyd Eryri, yn peri i'r mynyddoedd newid eu ffurf fel tonnau'r môr. Mynydd ar un funud yn dwll tywyll, y funud nesaf yn dwred golau, toc yn fur o fermiliwn twym. A'r ochr arall i'r coedydd, llain glas o Fenai heb grych arni, coed Môn yn syllu ar eu lluniau hyd y glennydd a chychod bach wedi mynd i gysgu'n sownd ar y llonyddwch gwydr.

Islwyn Ffowc Elis (o *Cysgod y Cryman*)

Dacw ben y bryniau gleision
Dacw greigiau Sir Gaernarfon,
Dacw ddyffryn hardd i'w rodio
Rhwng Llanrwst ac Ynys Dudno.

∼

Ffeind yw Llundain, ffeind yw Llwydlo,
Ffeind yw Bridgenorth, ffeind yw Bristo',
Ond y ffeindia wy'n ei nabod
Yw Llawr-y-main a Dyffryn Meifod.

∼

Cwm Berllan

'Cwm Berllan, Un filltir' yw geiriau y testun
Yr hen gennad fudan ar fin y ffordd fawr;
Ac yno mae'r feidir fach gul yn ymestyn
Rhwng cloddiau mieri i lawr ac i lawr.
A allwn i fentro ei dilyn mewn Austin?
Mor droellog, mor arw, mor serth ydyw hi;
'Cwm Berllan, Un filltir' sy lan ar y postyn –
A beth sydd i lawr yng Nghwm Berllan, wn-i?

Mae yno afalau na wybu'r un seidir
Yn llys Cantre'r Gwaelod felysed eu sudd,
A phan ddelo'r adar yn ôl o'r deheudir
Mae lliwiau Paradwys ar gangau y gwñdd.
Mae'r mwyeilch yn canu. Ac yno fel neidir
Mae'r afon yn llithro yn fas ac yn ddofn,

Mae pob rhyw hyfrydwch i lawr yng Nghwm Berllan,
Mae hendre fy nghalon ar waelod y feidir –
Na, gwell imi beidio mynd yno, rhag ofn.

Waldo Williams

~

17

Blaenau Ffestiniog

Nawr Gymry dewch yn llu
I wrando ar fy nghân
Mae rhywbeth bach yn poeni fi yn fawr,
Ie, mae byw yn Abertawe
Yn chware ar fy nerfe
Ac rwy'n gadael am y bryniau gyda'r wawr.

O rwy'n mynd nôl i Flaenau Ffestiniog,
Rwy'n dala'r trên cynta mâs o'r dre,
O rwy'n mynd nôl i Flaenau Ffestiniog
Canys yno mae fy seithfed ne'.

Dewi Pws

Hardd a gwych y gwela'i 'r dyffryn
A phob man o gwmpas Rhuthun,
Ac eto er hyn mae 'nghalon beunydd
Mewn un cwr o Sir Feirionnydd.

∽

Tra bo rhew yn dew ar dwyn,
Iâ'n y cwm, a llwm y llwyn,
Ydd wy'n ddi-fraw'n cyweiriaw cân,
Yn fardd hy mewn tŷ, min tân,
Byw fal hyn mewn bwthyn bach,
Brenin wyf, a'm bron yn iach.

∽

Ystrad Fflur

Mae dail y coed yn Ystrad Fflur
Yn murmur yn yr awel,
A deuddeng Abad yn y gro
Yn huno yno'n dawel.

Er bod yr haf, pan ddêl ei oed,
Yn deffro'r coed i ddeilio,
Ni ddeffry dyn, a gwaith ei law
Sy'n distaw ymddadfeilio.

Ond er mai angof angau prudd
Ar adfail ffydd a welaf,
Pan rodiwyf daear Ystrad Fflur,
O'm dolur ymdawelaf.

T. *Gwynn Jones*

~

Tri thafarndy sy'n Tre-fin:
Y *Ship*, y *Swan* a'r *Fiddler's Green*.

~

Ogof Arthur

(tafarn mewn tŷ ym Mhorthmadog)

Tri pheth ymysg fy hoff bethau – rhyw griw
    Go ryff o'r hen ffrindiau
A diawl o godi hwyliau
A bar cefn heb oriau cau.

Myrddin ap Dafydd

~

Sycharth

Llys barwn, lle syberwyd,
Lle daw beirdd aml, lle da byd . . .
Dwyn blaenffrwyth cwrw Amwythig
Gwirodau bragodau brig,
Pob llyn, bara gwyn a gwin,
A'i gig, a'i dân a'i gegin . . .
A gwraig orau o'r gwragedd,
Gwyn 'y myd o'i gwin a'i medd!

Iolo Goch

22

Eifionydd

O olwg hagrwch cynnydd
Ar wyneb trist y Gwaith
Mae bro rhwng môr a mynydd
Heb arni staen na chraith,
Ond lle bu'r arad ar y ffridd
Yn rhwygo'r gwanwyn pêr o'r pridd . . .

O! mwyn yw cyrraedd canol
Y tawel gwmwd hwn,
O'm dyffryn diwydiannol
A dull y byd a wn;
A rhodio'i heddwch wrthyf f'hun,
Neu gydag enaid hoff, cytûn.

R. Williams Parry

Oblegid y mae yr Arglwydd dy Dduw yn dy ddwyn i mewn i wlad dda, i wlad afonydd dyfroedd, ffynhonnau, a dyfnderau yn tarddu allan yn y dyffryn, ac yn y mynydd. Gwlad gwenith, a haidd a gwinwydd, a ffigyswydd, a phomgranadwydd; gwlad olew olewydden, a mêl; Gwlad yr hon y bwytei fara ynddi heb brinder, ac ni bydd eisiau dim arnat ynddi; gwlad yr hon y mae ei cherrig yn haearn, ac o'i mynyddoedd y cloddi bres.

Pan fwyteych, a'th ddigoni, yna y bendithi yr Arglwydd dy Dduw am y wlad dda a roddes efe i ti.

Deuteronomium 3. 7-10

~

Llandŵ, Llandaf, Llandocha,
Llan-fair a Llambed Ucha,
Llantrisant sydd, Llangeinwr syw,
Llangynwyd yw'r lle gora.

Llan-faes, Llan-fair, Trefflemin,
A Silstwn a'r Hen Felin,
Os aiff cardotyn ar eu traws
Caiff fara 'chaws a menyn.

~

Sir Gaerfyrddin

Ni wyddom beth yw'r ias a gerdd drwy'n cnawd
Wrth groesi'r ffin mewn cerbyd neu mewn trên:
Bydd gweld dy bridd fel gweled wyneb brawd,
A'th wair a'th wenith fel perthnasau hen;
Ond gwyddom, er y dygnu byw'n y De
Gerbron tomennydd y pentrefi glo,
It roi i'n sugn a maeth a golau'r ne'
A'r gwreiddiau haearn ym meddrodau'r fro.
Mewn pwll a gwaith clustfeiniwn am y dydd
Y cawn fynd atat, a gorffwyso'n llwyr,
Gan godi adain a chael mynd yn rhydd
Fel colomennod alltud gyda'r hwyr;
Cael nodi bedd rhwng plant yr og a'r swch
A gosod ynot ein terfynol lwch.

D. *Gwenallt Jones*

~

Haul yn t'wnnu ar Ynys Enlli,
Minnau sydd ymhell oddi wrthi,
Pe bae gennyf gwch neu lestar
Fe awn iddi'n ewyllysgar.

~

Ynys Enlli

Pe cawn i egwyl ryw brynhawn,
Mi awn ar draws y genlli,
A throi fy nghefn ar wegi'r byd,
A'm bryd ar Ynys Enlli.

Mae yno ugain mil o saint
Ym mraint y môr a'i genlli,
Ac nid oes dim a gyffry hedd
Y bedd yn Ynys Enlli.

Na byw dan frad y byd na'i froch,
Fel Beli Goch neu Fenlli,
On'd gwell oedd huno dan y gwys
Yn nwys dangnefedd Enlli?

T. *Gwynn* Jones

Treulio diwrnod o haf gyda chyfaill yn Ardudwy . . . Mwynder aeddfed yn yr awyr, oni theimlai dyn fel pe daethai adref i'w gynefin o grwydro'n hir. Eto nid oedd Ardudwy ond rhan o Gymru i mi, nid hen gynefin fy hynafiaid, fel yr oedd hi i'm cyfaill . . . Nid oedd tŷ nac adfail a welid yno na wyddai fy nghyfaill rywbeth amdano. Yma, cartref ei hendaid. Acw, tŷ a gododd ei daid, lle ganed ei dad, lle ganed yntau. Cartrefi teulu ei fam yn y pellter. Traddodiadau amdanynt oll, yn gwlwm â hanes yr ardal am ganrifoedd. Nid rhyfedd ddywedyd o'm cyfaill y byddai'n fodlon pan ddôi yma o unman yn y byd, ac na byddai arno byth eisiau ymadael â'r lle, unwaith y dôi yno. Yno yr oedd ei wreiddiau. Adwaenai bob pren a maen yno. Ardudwy oedd Cymru iddo ef.

T. *Gwynn Jones*

Heda, heda, heda, frân,
Dros y môr i dir Ysb'ân,
Annerch yno yn dra siriol
Ifan Siôn fy ffrind serchiadol.

Ifan Siôn yn fwyn ddyweda:
'Pa fodd mae fy ffrind sydd adra?
Er fy myned dros yr eigion,
Yn Sir Feirionnydd mae fy nghalon.'

Llan-y-dŵr

Ni fûm erioed yn Llan-y-dŵr,
Ni fûm, nid af ychwaith.
Er nad oes harddach man, rwy'n siŵr,
Na Llan-y-dŵr
A'i fyd di-stŵr,
Nid af, nid af i'r daith.

Bûm lawer hwyr yn crwydro'r rhos
A dringo'r bryn gerllaw
I weld rhyfeddod min y nos
Yn fantell dlos
O aur a rhos
Am hedd y pentref draw.

Pe chwalai'r tonnau arian ddŵr
Hyd dywod aur y fan,
A thrôi gwylanod di-ystŵr
O'r arian ddŵr
I gylchu tŵr
A mynwent hen y llan.

Ond gwn ped awn i Lan-y-dŵr
Y cawn i'r adar hyn
Yn troelli'n wyllt a mawr eu stŵr
O gylch y tŵr,
A'r arian ddŵr
Yn ddim ond ewyn gwyn.

Ni fûm erioed yn Llan-y-dŵr,
Ni fûm, nid af ychwaith.
Er nad oes harddach man, rwy'n siŵr,
Na Llan-y-dŵr,
A'i fyd di-stŵr,
Nid af, nid af i'r daith.

T. *Rowland Hughes.*

~

31

Cerddais fin pêr aberoedd – yn nhwrf swil
Nerfus wynt y ffriddoedd;
A braich wen yr heulwen oedd
Am hen wddw'r mynyddoedd.

Hedd Wyn

~

Hyfryd iawn yw ochrau Nantglyn,
Rhed eu clod oddi yma i Ruthun,
A thlws yw'r mynydd geir i dramwy
Hyd i waelod Hafod Elwy.

~

Ar ryw brynhawngwaith teg o haf hirfelyn tesog, cymerais hynt i ben un o fynyddoedd Cymry, a chyda mi sbienddrych i helpu 'ngolwg egwan, i weled pell yn agos, a phethau bychain yn fawr. Trwy'r awyr denau eglur a'r tes ysblennydd tawel canfyddwn ymhell bell tros Fôr y Werddon, lawer golygiad hyfryd. O'r diwedd wedi porthi fy llygaid ar bob rhyw hyfrydwch o'm hamgylch, onid oedd yr haul ar gyrraedd ei gaerau'n y gorllewin, gorweddais ar y gwelltglas, tan synfyfyrio deced a hawddgared (wrth fy ngwlad fy hun) oedd y gwledydd pell y gwelswn gip o olwg ar eu gwastadedd tirion, a gwyched oedd gael arnynt lawn olwg, a dedwydded y rhai a welsent gwrs y byd wrthyf i a'm bath.

Ellis Wynne

Cwm Pennant

Yng nghesail y moelydd unig,
Cwm tecaf y cymoedd yw,
Cynefin y carlwm a'r cadno,
A hendref yr hebog a'i ryw:
Ni feddaf led troed ohono,
Na chymaint â dafad na chi;
Ond byddaf yn teimlo fin nos wrth fy nhân
Mai arglwydd y cwm ydwyf fi . . .

Mi garaf hen gwm fy maboed
Tra medraf i garu dim;
Mae ef a'i lechweddi'n myned
O hyd yn fwy annwyl im:
A byddaf yn gofyn bob gwawrddydd,
A'm troed ar y talgrib lle tyr,
Pam, Arglwydd, y gwnaethost Gwm Pennant mor dlws,
A bywyd hen fugail mor fyr?

Eifion Wyn

~

Bûm yn rhodio pob rhyw wledydd –
O Lansannan i Lanufydd,
Ac oddi yno i'r Bylchau wyntog,
A thrwy Nantglyn i'r Gyffylliog –
Mae y byd 'ma'n fawr gynddeiriog!

Thomas Jones, Cerrigelltgwm

~

Gwae fi na bawn i heno
Rhwng Margam a Llangrallo
Yn Nhrelalas luniaidd lawn
Lle gwn y cawn i roeso.

~

Yn y felin mae lle difyr
Pan fo Elin dda ei natur,
Ac yn adrodd hen benillion
Nes gwneud pawb wrth fodd eu calon.

~

Rhowch i mi gilfach a glan
Cilfach a glan a marian i mi,
Lle na ddaw'r gwylanod ar gyfyl y fan,
Na mwstwr tonnau nwydus, twyllodrus y lli.

D. *Gwenallt Jones*

Hardd yw Conwy, hardd yw Nefyn,
Hardd yw brigau coedydd Mostyn,
Harddaf lle rwy'n allu nabod
Yn y byd yw Dyffryn Meifod.

~

Daw y gwynt i sgubo'r boblach
A'u hen sŵn o dywod Clarach,
Hawdd fydd gwrando, hwyr o Fedi,
Ar y tonnau'n dweud eu stori.

Vernon Jones

~

Y fro hon yw'r fireiniaf
A swyn yr oes yn yr haf:
Goror deg ar hwyr y dydd –
Rhychiog lannerch y glennydd;
Hygar werddon ger oerddwr,
A man di-ail ym min dŵr;
Ei cheinder ni threch undim,
A llannerch well ni rowch im.

Meuryn

Ond dyma ni wrth gwr y llyn [Llyn Tegid], ac un o olygfeydd prydferthaf Cymru o'n blaenau.
Ymestyn y llyn, a'i ddyfroedd gleision tawel yn adlewyrchu'r bryniau a'r penrhynoedd coediog, am aml filltir at odre'r mynyddoedd draw. Dacw'r Aran fawreddog – pe bawn bagan, hi a fuaswn yn ei haddoli, – a dacw Gadair Idris yn edrych dros ei hysgwydd.

O.M. *Edwards*

Trafaelu'r gwledydd beunydd
Ni wela i ddim llawenydd
Nes y delwy' lle mae'r gân
Yn Llanbedr lân-ar-Fynydd.

Yn Llanbedr lân-ar-Fynydd,
Lle mae'r cyfeillion dedwydd,
Meibion, merched mwyn di-ddig,
Ac yno trig llawenydd.

~

Y mae Môn yn ddaear sych a charegog, yn afluniaidd ac anhyfryd yr olwg; yn debyg iawn, yn ei hansawdd allanol, i wlad Pebidiog, sydd yn ffinio ar Dyddewi, eithr yn dra gwahanol iddi, er hynny, yng nghynhysgaeth fewnol ei natur. Canys y mae'r ynys hon yn anghymharol fwy cynhyrchiol mewn grawn gwenith na holl ardaloedd Cymru: yn gymaint felly ag y mae'n arfer diarhebu'n gyffredin yn yr iaith Gymraeg, 'Môn, Mam Cymru'. Oherwydd pan fyddo'r ardaloedd eraill ym mhobman yn methu, y mae'r wlad hon, ar ei phen ei hun, yn arfer cynnal Cymru i gyd â'i chnwd bras a thoreithiog o ŷd.

Gerallt Gymro (cyf. Thomas Jones)

~

41

Ynys yw Môn o henaint,.
Ynys yw hi lawn o saint . . .
Ynys Fôn, ynys fyw'n iach;
Felly Ynys Afallach.
Os hardd Ynys y Werddon,
Och im! o'nd harddach yw Môn? . . .
Nos da i'r Ynys dywell,
Ni wn oes un ynys well.

Lewis Glyn Cothi

~

Cartref yw cartref er tloted y bo.

~

Cas gŵr na charo'r wlad a'i maco.

~

42

Englyn a thelyn a thân, ac afal,
    Ac yfwyr mwyn diddan,
   A gwin melys a chusan
   Dyn fain, lwys – dyna fyw'n lân!

~

Cynefin

Ni byddaf yn siŵr pwy ydwyf yn iawn
Mewn iseldiroedd bras a di-fawn.
Mae cochni fy ngwaed ers canrifoedd hir
Yn gwybod bod rhagor rhwng tir a thir.

Ond gwn pwy ydwyf, os caf innau fryn
A mawndir a phabwyr a chraig a llyn.

T.H. *Parry-Williams*

~

Mi wela'r môr yn amlwg,
Mi wela Fro Morgannwg,
Pan fwyf yn hon a'm bwthyn bach
Mi fydda'n iach fy ngolwg.

~

Dinas Dinlle

Ym min nos mae hanesion i'w clywed
    Nas clywir gan estron;
    Yn Gymraeg y mae'r eigion
    Yn eu dweud o don i don.

Gerallt Lloyd Owen

~

Y peth difyrraf yn y byd
Yw bywyd clyd bob amser
Mewn bwthyn bach is llwyn o goed
Ar ochor troed y Gader.

~

Canmol dy fro a thrig ynddi.

~

Clywais sôn am Gonwy ganwaith,
Ni fûm yno 'rioed ond unwaith,
'Radeg honno wedi meddwi,
'Ches i fawr o olwg arni.

~

Ffarwél fo i Langyfelach lon,
A'r merched ieuainc i gyd o'r bron,
Rwy'n mynd i dreio pa un sydd well –
Ai 'ngwlad fy hun neu'r gwledydd pell.

~

Holai dyn wrth guro o gwmpas –
Ple mae'r Nilig? Ble mae'r Cruclas?
Oes afalau yno'n tyfu?
Oes, ebr finnau, a chogau'n canu
Bron drwy'r flwyddyn, hyd Lafarddu!

Thomas Jones, Cerrigelltgwm

~

46

Cwm Gwaun

Macsu'r braf a berwi'r boten,
Pobi'r bara brith a'r gacen,
Rhostio'r ŵydd neu'r hen hwyaden
Trwy holl Gwm Gwaun.

Rhaid cael reis a chwrens duon,
Siwgwr brown a phown o lemon,
Talu'r cyfan gyda choron
Trwy holl Gwm Gwaun.

Enlli

Yn y môr, mae angor i mi – drwy swae
    Dŵr y Swnt, caf Enlli;
    Gall cwch tua'i heddwch hi
    Wneud i ewyn ddistewi.

Myrddin ap Dafydd

~

'Fuwch wen, fuwch wen, ble buost ti'n pori?'
'Draw dros y mynydd hwnt i 'Berhonddu,'
'Pa beth oedd yno fwy nag yma?'
'Porfa las, las, a dâr ffynhonna'.'

~

Clywodd y Canon Silvan Evans fod cyfaill o offeiriad iddo, Y Parchedig Dafydd Morgan, a'i fryd ar ymadael â'i blwyf yn ardal Penrhyn-deudraeth, a symud i Fôn. Anerchodd ef fel hyn:

Ai gwir eich bod mewn difrif
(Fel hynny cerdd y sôn),
Yn gadael defaid Meirion
Er porthi moch Sir Fôn?
Aeth rhywun yn gyffelyb
O'i gartref gynt mewn broch,
Ond buan edifeiriodd
Am fynd i borthi moch.

Ateb Dafydd Morgan:

Dewisach gennyf ydyw
Fyw'n dawel rhwng dau draeth
Na chroesi culfor Menai,
Rhag ofn 'r â 'myd i'n waeth.
Fy mod i yn ymadael
Nid oes un sail i'r sôn,
Gwell gennyf gocos Penrhyn
Na braster moch Sir Fôn.

Pwllheli

Er cymaint ydyw braint a bri – Llundain
    A'i llawnder o arglwyddi;
    Hiraeth sy'n faith arnaf i,
    Ambell ŵyl, am Bwllheli.

Richard Hughes, Cefnllanfair (?1565-1619)

~

Ffair Rhos

Ni luniwyd unlle'n lanach, – o ru'r byd
    Goror beirdd yw bellach;
    Yn nhir mwnwr a mynach
    Dihareb o bentre bach.

Dafydd Jones, Ffair Rhos

~

Rhyd-ddu

Un felly oedd yr hen bentref, wedi ei osod ar dro
go gas ar y rhiw, lle y mae'r ffordd yn croesi'r
afon. Yr wyf yn cofio i un o fechgyn ysgol y dref,
oedd yn digwydd bod ar sgawt yn y pentref ryw
ddiwrnod, ofyn i mi beth ar wyneb y ddaear oedd
i'w wneud mewn lle felly. A'i helpo! Onid yno y'm
ganed? Ac y mae popeth sy'n werth ac yn hyfryd
ei wneud yn bosib mewn lle felly . . . yr oedd
popeth yno – tad a mam, brawd a chwaer, mab a
merch, heb sôn am fwyd a diod, tân a chysgod,
llyn ac afon, mynydd a nefoedd.

T.H. *Parry-Williams: Lloffion*

~

Môn ac Arfon, Fflint, Meirionnydd,
Dinbych, Maldwyn, haeddant glodydd,
Myrddin, Mynwy a gwlad Forgan,
A Maesyfed a Thir Brychan,
A Sir Benfro, – gwiw eu henwi,
Sir pob sir yw Sir Barteifi.

~

Yr Eglwys ar y Cei

Y mae llongau sydd yn hwylio dros fynyddoedd
                                    gwyllt y don,
hwylio draw o Norwy ers oes i'r ynys hon
mewn llongau cry o goed a dur, mae'r rhain yn
                                    rhoi i fi
dros foroedd oer y gogledd i ddociau llwyd
                                    Caerdydd,
i ddociau llwyd Caerdydd.

Cytgan:
Efallai dim ond breuddwyd, ond siŵr mi welais i
y bae yn llawn o hwyliau y llynges gynt a fu,

Meic Stevens

~

Druidston

Unwaith bob blwyddyn,
mi fyddai echel yr haul
yn troi i'r union le.

Mi fyddai pelydryn o olau
yn llithro tros las y Preseli
a heibio i ddirgelwch ynysoedd
i'r fan lle'r oedd hud ar dywod;
i lawr rhwng meini'r clogwyni
at allor o draeth.

Ninnau'n cael ein tynnu yno
at ein cilcyn o ben draw'r byd.

Dylan Iorwerth

Ynys Llanddwyn

Mi hoffwn fyw ar Ynys Llanddwyn,
Mewn bwthyn gwyn uwch ben y lli,
Gwylio adar y môr bob bore,
A dy gael di gyda mi.

Mae'r môr yn las rownd Ynys Llanddwyn,
Ac ynddo fe ymolchwn ni,
Lle mae'r adar yn pysgota,
O dwed y doi di gyda mi.

Emyr Huws Jones

Ochr Treforys o'r Dre

Dyw e ddim yn rhy bert nac yn rhy hardd
Mae 'di bod yn ysbrydoliaeth i ambell fardd
I Gwenallt a fi ma fe'n fwy na lle
Ochr Treforys o'r dre;
Gweddillion ffwrneisi, tai teras mewn rhesi
Adeiladau'n pwdru a'r Tawe yn drewi
Ond 'dyw hwn ddim yn dwll mae'n fwy na lle
Ochr Treforys o'r dre.

Tair milltir crwn ar waelod y cwm
Ceir yn dod o bobman a'r aer yn llawn plwm
Sgidie llwm ac acenion trwm
Ochr Treforys o'r dre;
Clydach a Glais, Birchgrove, Bon-y-maen
Plant yn whare yn yr hewl
Pob man ar bigau'r drain
Cwestiwne digon ewn ac atebion digon plaen
Ochr Treforys o'r dre.

Neil Rosser

~

Esgair Llyn

Wrth sefyll yma'n awr,
Mi glywaf dynfa'r gwreiddiau dan fy nhraed
A chlywaf gân cyndadau yn fy ngwaed
Ac ar wyneb hen y tir
Mae'r llwybr i'w weld yn glir
Yn arwain at yfory Esgair Llyn.

Cytgan:
Mae'n dawel yn awr yn Esgair Llyn
Lle gynt y bûm yn dysgu cân y byd
Ond mae'r gwaed yn llifo'n gynt,
A'r gân yn fyw fel cynt
A Chymru'n fyw o hyd yn Esgair Llyn.

Dafydd Iwan

Hiraeth am Faldwyn

Wedi gwae y byd a'i gŵyn,
O! am weld goror Maldwyn;
Yno mae tynfa f'einioes
I lwybrau fil bore f'oes:
Dotiaf o gariad ati,
A mwyna' man yw i mi.

Gwilym R. Tilsley

Pentre'r Celyn

Pa le mae'r gwenyn mwyn yn llu
a'u su fel dyfnsain telyn?
Ym mlodau'r gwyddfid ar lôn gul
yn ymyl Pentre'r Celyn.

Iorwerth C. Peate

Preseli

Mur fy mebyd, Foel Drigarn, Carn Gyfrwy, Tal Mynydd,
Wrth fy nghefn ym mhob annibyniaeth barn.
A'm llawr o'r Witwg i'r Wern ac i lawr i'r Efail
Lle tasgodd y gwreichion sydd yn hŷn na harn.

Waldo Williams

~

Aed un i Lyn y Groes a'i gur,
Aed arall un i Ystrad Fflur;
Caf innau'r hedd, yr hedd sydd bur,
  Yn Ynys Bŷr,
  Yn Ynys Bŷr.

Aneurin Jenkins-Jones

~

60

Ffynonellau

1. *Cerddi Edern*, Gwasg y Brython
2. *Cerddi Cynan*, Gwasg y Brython
3. *Cerddi'r Bugail*, Hughes a'i Fab
4. Traddodiadol
5. O *Estyn yr Haul* (gol. Eirwyn George) Cyhoeddiadau Barddas
6. Y *Flodeugerdd Gymraeg* (gol. W.J. Gruffydd, Gwasg Prifysgol Cymru
7. *Cerddi Cynan*, Gwasg y Brython
8. *Llywelyn Fawr*, Gwasg y Brython
9. Heb ei gyhoeddi
10. *Cyfansoddiadau a Beirniadaethau*, Eisteddfod Genedlaethol Llanrwst, 1951
11. Y *Flodeugerdd Gymraeg* (gol. W.J. Gruffydd), Gwasg Prifysgol Cymru
12. Hen bennill
13. Hen bennill
14. Llawysgrifau Goronwy Owen
15. *Caniadau*, Hughes a'i Fab
16. *Cysgod y Cryman*, Gwasg Aberystwyth
17. Hen bennill
18. Hen bennill

19. *Dail Pren*, Gwasg Aberystwyth
20. *Pws!*, Y Lolfa
21. Hen bennill
22. *Ystên Sioned*, (1882)
23. Caniadau, Hughes a'i Fab
24. Hen rigwm
25. *Pen Draw'r Tir*, Gwasg Carreg Gwalch
26. *Gwaith Iolo Goch ac Eraill*, Gwasg Prifysgol Cymru
27. *Cerddi'r Gaeaf*, Gwasg Gee
28. Y Beibl
29. Hen Dribannau Morgannwg
30. *Ysgubau'r Awen*, Gwasg Aberystwyth
31. Hen bennill
32. *Caniadau*, Hughes a'i Fab
33. *Dyddgwaith*, Hughes a'i Fab
34. Hen bennill
35. *Cân neu Ddwy*, Gwasg Gee
36. *Cerddi'r Bugail*, Hughes a'i Fab
37. Hen bennill
38. Bardd Cwsc (arg. 1898)
39. *Caniadau'r Allt*, Foyle
40. *Pitar Puw a'i Berthnasau*, Gwasg Aberystwyth
41. Hen driban Morgannwg
42. Hen bennill
43. *Ysgubau'r Awen*, Gwasg Aberystwyth
44. Hen bennill

45. *Gogerddan a Cherddi Eraill*, Gomer
46. Codwyd o *Englynion a Chywyddau* (gol. A. Talfan Davies), Llyfrau'r Dryw
47. *Clych Atgof ac Ysgrifau Eraill* (gol. Thomas Jones, 1958), Hughes a'i Fab
48. Hen driban Morgannwg
49. *Gerallt Gymro* (cyf. Thomas Jones), Gwasg y Brifysgol
50. Llawysgrifau gwaith Lewys Glyn Cothi
51. Hen ddihareb
52. Hen ddihareb
53. Anhysbys
54. *Olion*, Gwasg Aberystwyth
55. Hen driban Morgannwg
56. *Cilmeri a cherddi eraill*, Gwasg Gwynedd
57. Hen bennill
58. Hen ddihareb
59. *Beth am Gân* (1978). Cyhoeddwyd gan Gangen Dyffryn Ogwen o Fudiad Adfer.
60. Hen gân werin
61. *Pitar Puw a'i Berthnasau*, Gwasg Aberystwyth
62. Hen gân werin
63. *Pen Draw'r Tir*, Gwasg Carreg Gwalch
64. Hen bennill
65. Hen lawysgrif
66. Codwyd o *Ffwtman Hoff* (Nesta Lloyd), Gwasg Prifysgol Cymru

67. Yr Arloeswr a cherddi eraill, Gwasg John Penry
68. Lloffion, Y Clwb Llyfrau Cymreig
69. Codwyd o Tai Bach a Thai Mas (Lisa Pennant), Cymdeithas Lyfrau Ceredigion
70. I Adrodd yr Hanes, Gwasg Carreg Gwalch
71. Cyfansoddiadau a Beirniadaethau, Eisteddfod Genedlaethol Llanelli, 2000
72. Digon Hen i Yfed, Gwasg Carreg Gwalch
73. Sach Gysgu yn Llawn o Greision, Gwasg Carreg Gwalch
74. Cyhoeddiadau Sain
75. Y Glowr a cherddi eraill, Llyfrau'r Dryw
76. Codwyd o'r Flodeugerdd Delynegion (Gol. Gwynn ap Gwilym), Christopher Davies
77. Dail Pren, Gomer
78. Codwyd o'r Flodeugerdd Delynegion (Gol. Gwynn ap Gwilym), Christopher Davies.